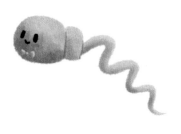

YO NACÍ DEL AMOR DE MI MAMÁ

LAURA CADENAS ZAMORA
ÁNGELA ZAMORA SAIZ
ILUSTRACIONES: ALANA GARCÍA

MI MAMÁ SE LLAMA LAURA.
ES RUBIA Y TIENE LOS OJOS AZULES.

YO ME LLAMO JORGE,
SOY RUBIO Y TENGO
LOS OJOS AZULES, COMO ELLA.

MI MAMÁ QUERÍA MUUUCHO
TENER UN BEBÉ.

LO DESEABA TANTO, TANTO, QUE PENSÓ Y BUSCÓ
LO QUE PODÍA HACER PARA QUE YO NACIERA.

MI MAMÁ TENÍA UNA SEMILLITA QUE TIENEN LAS CHICAS PARA TENER BEBÉS, QUE SE LLAMA ÓVULO.

Yo soy el óvulo ♥

El útero es como un nido dónde vivirá el bebé.

Los ovarios guardan los óvulos.

PERO LE HACÍA FALTA LA SEMILLITA QUE TIENEN LOS CHICOS,
QUE SE LLAMA ESPERMATOZOIDE.

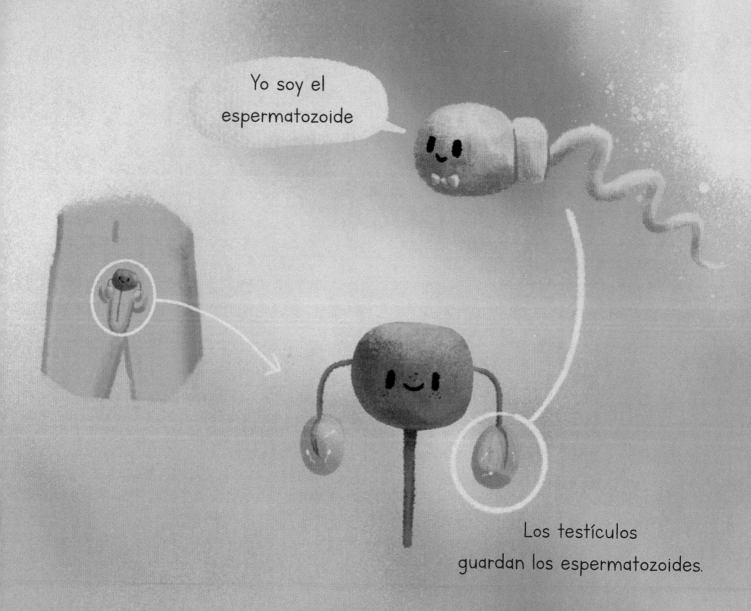

Yo soy el espermatozoide

Los testículos guardan los espermatozoides.

PORQUE SI NO SE JUNTAN
LAS DOS SEMILLITAS,
NO PUEDE NACER UN BEBÉ.

ASÍ QUE FUE A VER A UN MÉDICO AMIGO SUYO
PARA QUE LA AYUDARA.

EL MÉDICO LE DIJO QUE PODÍA BUSCAR LA SEMILLITA QUE
ELLA NECESITABA PARA PONERLA EN SU TRIPITA
Y QUE YO NACIERA.

EL MÉDICO BUSCÓ LA MEJOR
SEMILLITA DE UN CHICO
MUY GENEROSO QUE QUERÍA
AYUDAR A LAS MAMÁS QUE,
COMO MI MAMÁ, QUERÍAN
TENER UN BEBÉ SOLAS.

CUANDO EL MÉDICO LA
ENCONTRÓ, JUNTÓ LAS DOS
SEMILLITAS Y SE FORMÓ UN
EMBRIÓN, QUE PUSO EN LA
TRIPITA DE MI MAMÁ Y...
¡¡¡MILAGRO!!!
¡YO EMPECÉ A CRECER
DENTRO DE ELLA!

CUANDO MI MAMÁ
EMPEZÓ A SENTIRME
DENTRO DE SU CUERPO
SE PUSO MUY, MUY
CONTENTA, EMPEZÓ
A CUIDARME MUCHO,
A DARME TODO
SU AMOR Y
YO ME SENTÍA
MUY FELIZ.

YO TENÍA MUCHAS GANAS DE
CONOCERLA, COMO ELLA A MÍ,
Y DARLE MUCHOS BESOS
Y ABRAZOS.

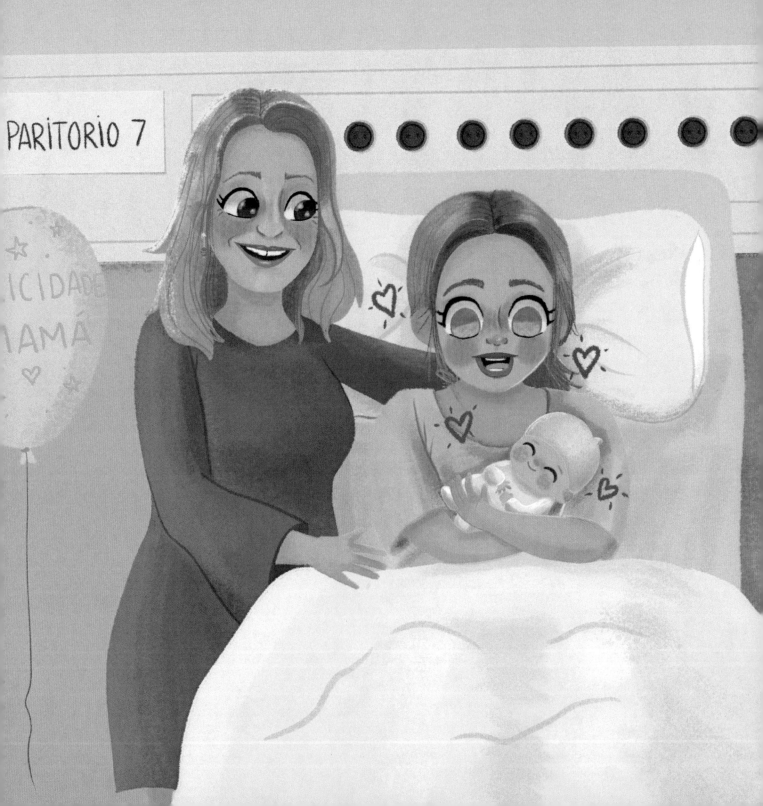

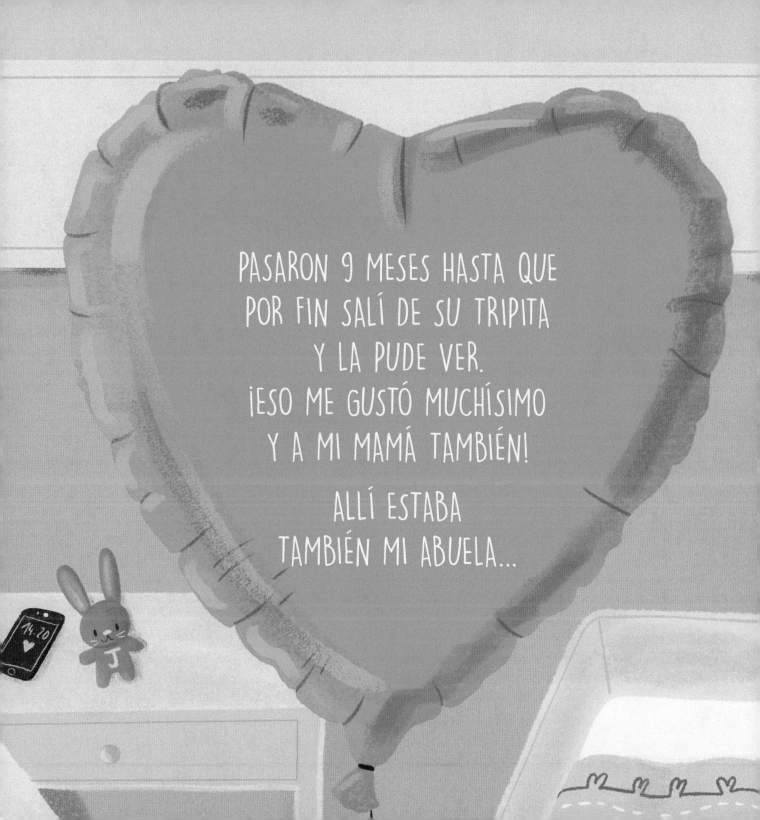

PASARON 9 MESES HASTA QUE
POR FIN SALÍ DE SU TRIPITA
Y LA PUDE VER.
¡ESO ME GUSTÓ MUCHÍSIMO
Y A MI MAMÁ TAMBIÉN!

ALLÍ ESTABA
TAMBIÉN MI ABUELA...

LUEGO VINIERON MI ABUELO,
MI TÍO Y MI TÍA...

Y EL RESTO DE LA FAMILIA
Y AMIGOS A LOS
QUE QUEREMOS MUCHO,
PORQUE JUNTOS FORMAMOS
¡UNA GRAN FAMILIA!

MI MAMÁ ES MUY BUENA CONMIGO,
ME QUIERE MUCHO Y ME CUIDA MUY BIEN.

GRRRR!

ME LLEVA
A LA PLAYA...

...Y A LA MONTAÑA...

...ME CUIDA CUANDO ME PONGO MALITO.

¡NOS REÍMOS MUCHO Y
SOMOS MUY FELICES JUNTOS!

ALGUNOS NIÑOS COMO YO NO TENEMOS PAPÁ, PORQUE NUESTRAS MAMÁS HAN DECIDIDO TENERNOS SOLAS.

PERO ES ESTUPENDO TENER UNA MAMÁ
COMO ELLA, QUE HA SIDO TAN VALIENTE
PARA BUSCARME, AUNQUE ESTUVIERA SOLA.

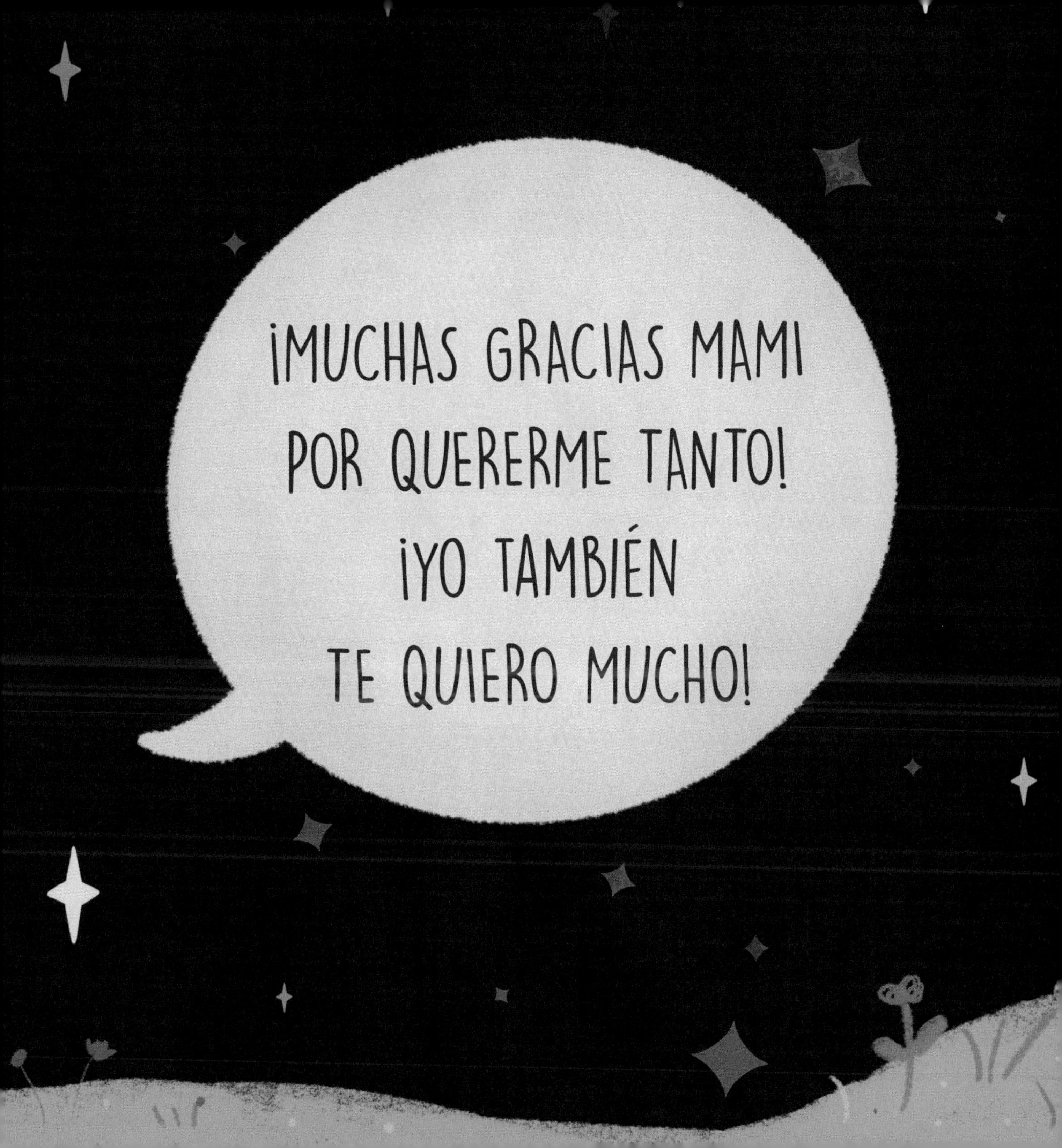
¡MUCHAS GRACIAS MAMI
POR QUERERME TANTO!
¡YO TAMBIÉN
TE QUIERO MUCHO!

PEGA AQUÍ TU FOTO PREFERIDA
DE TU FAMILIA.

TAMBIÉN PUEDES
ESCRIBIR UNA DEDICATORIA
EN EL CUADERNO

AGRADECIMIENTOS

LAURA

A Jorgito por ser mi sueño y mi inspiración.

A mi madre por ser mi mejor apoyo, mi cómplice y mi referente como persona.

A mi padre, mi hermano y mi cuñada por ser esenciales en mi vida y, por supuesto, en la de Jorge.

A Alana porque sin ella, este cuento nunca hubiera visto la luz. Has sido un regalo que la vida ha puesto en mi camino.

Y también a todos los amigos que, desde el primer momento que les conté la idea, me han apoyado, animado y

aconsejado con todo su cariño y, en especial, a Violeta, Iria, Anapi, Jara, Magali, Eugenia, Amaya, Belén, María y Eli.

ÁNGELA

Cuando mi hija me dijo que quería tener un hijo sola, además de prestarle tanto apoyo como pude,

me quedó muy claro su interés por explicarle a su hijo, desde la verdad y el amor, todo el proceso

que había llevado a cabo para que él naciera.

Me he dedicado toda mi vida a la docencia y sé de la importancia de explicar a los niños, de manera sencilla, los

diferentes tipos de familias con los que se encuentran hoy. Este cuento nace, precisamente, de esa necesidad.

Mi agradecimiento es, por tanto, para mi hija, Laura, por su determinación y valentía,

sin duda, para mi nieto, Jorge, que me hace muy feliz cada día y para Alana por su escucha y su creatividad.

Quisiera también agradecer a mi hijo Alberto, a su pareja Blanca y a mis amigos, que han escuchado el cuento desde su

origen y han aportado las correcciones necesarias: a José Luis, Roberto, Fernando, Pilar, Leti, Mª Luisa, María y Angélica.

Gracias a todos por hacer que este sueño sea una realidad.

ALANA

A Laura y Ángela por transmitirme su energía, amor, tolerancia y respeto.

Es un placer inusual dar con personas tan abiertas en un mundo tan loco.

Y gracias a Raúl, Olivia, Rai y Malin por ser siempre mi apoyo en los días de sol y los de lluvia.

Nuestro A.M.O.R. es mi motor.

Made in the USA
Middletown, DE
20 November 2023

43146173R00020